Dieter Theobald

...und Gott verordnete Brachzeit!

Für unsere Freunde
Marianne und Erwin

DIETER THEOBALD

... und Gott verordnete Brachzeit!

Vom Nutzen des Ungenutzten

CHRISTLICHES VERLAGSHAUS
STUTTGART

Bücher mit diesem Zeichen wollen
aktuell und biblisch Christus bezeugen.

ABCteam-Bücher erscheinen in folgenden Verlagen:

Aussaat Verlag Neukirchen
R. Brockhaus Verlag Wuppertal
Brunnen Verlag Gießen / Basel / Woltersdorf
Christliches Verlagshaus Stuttgart
(und Evangelischer Missionsverlag)
Oncken Verlag Wuppertal

Bildnachweis:
Zu S. 16, 48: W. Rauch / Zu S. 65: Studio G. Weissing

© 1992 Christliches Verlagshaus GmbH, Stuttgart
Umschlaggestaltung:
ALBER & BETZ Design–Kommunikation, Weissach
Gesamtherstellung: Druckhaus West GmbH, Stuttgart
ISBN 3-7675-1530-X

Inhalt

...UND GOTT VERORDNETE BRACHZEIT!

Bibellesern ist sicherlich bekannt, daß das 3. Buch Mose eine Fülle von Anordnungen und Geboten, Verhaltensregeln und Anweisungen Gottes an sein Volk enthält. Darum gleicht dieses Buch auch nicht einem spannenden Roman, den man in einem Zug ›verschlingt‹, sondern eher einem Nachschlagewerk oder Zivilgesetzbuch.

Trotzdem ist es auch interessant zu lesen, was Gott seinem Volk hier an grundlegenden Verhaltensmaßnahmen mitteilt. Das geschieht aber keineswegs, um das Volk Israel einzuengen oder so mit Gesetzen zu überhäufen, daß es nicht mehr atmen könnte. Das Miteinander der einzelnen und das Volk als ganzes brauchte ja eine Ordnung, damit nicht das Chaos regiert.

Im 25. Kapitel des 3. Buches Mose ist nun ausführlich berichtet, was Gott über das Sabbatjahr und das Erlaßjahr sagte. Hier werden gesellschaftspolitische Aspekte zum Thema ›Grundeigentum‹ und ›Ökologie‹ angesprochen, die sich im Verlauf der Geschichte bewährt haben und die es wert wären, heute neu überdacht zu werden.

Einen Satz davon möchte ich hier herausgreifen und auf seine übergeordnete Bedeutung auch für unser Leben bedenken: *Das Land soll dem Herrn einen feierlichen Sabbat halten (V.4).* So wie dem Menschen auf sechs Arbeitstage ein Ruhetag verordnet wurde, damit er sich innerlich und äußerlich ausruhen und regenerieren kann, so soll auch das Land nach sechs Jahren Bearbeitung und Nutzung ein Jahr lang ruhen.

Gott schont seine Schöpfung! Er gönnt ihr Ruhe und Erholung. Nur der Mensch gönnt sich und der übrigen Schöpfung diese Atempause nicht oder nur unregelmäßig.

Und so ist es uns, dem Menschengeschlecht, gelungen, nach Jahrtausenden die Schöpfung Gottes auszulaugen und zu zerstören. Wir haben göttliche Ordnungen und Anweisungen mißachtet – wir wußten es besser (!), wollten mehr herausholen, als wir wirklich nötig haben.

Gott verordnete Brachzeit – aber der Mensch beutet ununterbrochen aus. Auf der Jagd nach höchsten ›Ausnutzungsziffern‹ gönnt er sich und der Schöpfung keine Ruhe.

Wenn heute von verschiedenen politischen Richtungen vehement der Ruf laut wird nach Umweltschutz, Artenschutz, ökologischer Verantwortung, dann werden Töne laut, die eigentlich von uns Christen angeschlagen werden müßten! Wir müssen uns neu Gedanken machen, wie wir die göttliche Anweisung auf die ganze Breite der uns anvertrauten Schöpfung hörbar machen können, die in dem Satz zum Ausdruck kommt: *Das Land soll dem Herrn einen feierlichen Sabbat halten.*

ON N'EST PAS PRESSÉ, ON EST RETRAITÉ

Endlich ist es soweit. Wir haben Ferien! Nach einem langen, strengen Winter sehnen wir uns nach Sonne und Ruhe.

Drei Wochen Toscana liegen vor uns.

Natürlich ist auch ein Besuch in Florenz eingeplant. Doch zunächst zieht es uns aufs Land, ins Chiantiland. Mit dem Wohnmobil sind wir frei. Wir müssen kein Programm absolvieren, wir sind nicht an Orte, Zeiten und Termine gebunden.

Allein dieser Gedanke wirkt sich schon entspannend für uns aus.

Und dann biegen wir zum Campingplatz in Siena ein: traumhafte Lage, Blick auf die alte Stadt, den Dom, Piazza del Campo, Torre del Mangia.

Ein Kribbeln in den – ja, wo eigentlich?

Jedenfalls spüre ich den Drang aufzubrechen und diese alte Stadt mit ihren Kultur-Reichtümern zu erobern.

Doch ich beherrsche mich und mache zunächst nur einen Spaziergang über den Campingplatz. Ich betrachte die verschiedenen Zelte, Wohnwagen und Motorhomes und die Kennzeichen ihrer Herkunftsorte und -länder.

Da, mein Blick bleibt haften an einem kleinen Wohnwagen aus den Niederlanden. Ein älteres Ehepaar sitzt davor. Auf der Rückseite des Wohnwagens leuchten einige Aufkleber, wie man es an solchen Gefährten gewohnt ist.

Aber ein Aufkleber weist nicht auf einen Ort hin, wo die Camperfreunde schon gewesen sind. In französischer Sprache steht da: *On n'est past pressé, on est retraité*. Ich bin zwar in Fremdsprachen nicht gerade ein Genie; doch das kann ich entziffern und verstehen: *Man ist nicht in Eile, man ist in Ruhe.* –

Ich schmunzle und denke: Mit diesem Wohnwagen ist Eile auch nicht möglich.

Aber dann sinne ich weiter nach über diese Aussage. Sie läßt mich einfach nicht mehr los. Das ist es ja, was auch wir uns von unseren Ferien erhoffen und vorgenommen haben.

Später ließ ich mir dann sagen, daß die Inschrift dieses Aufklebers auch noch nuancierter verstanden werden kann. *On est retraité* könnte auch heißen: *Wir sind im Ruhestand, also pensioniert.* Wir haben wirklich Zeit. Wir müssen nicht schon wieder in 14 Tagen in Holland am Arbeitsplatz sein.

Welch ein schöner Gedanke! Ich gönne ihnen diese Perspektive.

Seit Jahren leiten wir ein ›Haus der Stille‹, ein Einkehr- oder Retraitenhaus. Was ›Retraite‹ im eigentlichen Wortsinn bedeutet, ist uns wohlbekannt: Rückzug, Einkehr. Es ist eigentlich ein Begriff aus dem militärischen Umfeld. Wenn der Zapfenstreich erklingt, gehen die Soldaten vom Übungsplatz in die Kaserne zurück, in die ›Retraite‹. Sie ziehen sich zurück. Der Kampf, die Übung ist beendet. Es ist Ruhezeit. – Wehe, wenn während des Kampfes einer denkt: *On n'est pas pressé – man ist nicht in Eile.* Der Offizier würde ihm ›Beine machen‹. Doch wenn der Zapfenstreich erklingt, darf man es sagen und tun: *On est retraité – man ist in Ruhe.* –

Zu gerne hätte ich mir einen Aufkleber erworben. Aber es ging nicht. Es kommt ja auch nicht auf den Aufkleber an. Doch eingeprägt habe ich mir das Wort. Ich will es mir vor Augen halten, wenn ich gehetzt und gestreßt von so mancherlei in der Gefahr bin, am Eigentlichen, am Wesentlichen vorbeizuhasten. Es soll in mir aufleuchten, wenn ich vor lauter Sachen – dringenden Sachen – den Menschen übersehe.

Ich habe in Siena noch viel Schönes und Sehenswertes angeschaut. Ich werde Siena so rasch nicht vergessen. Etwas vom Eindrücklichsten von Siena war jedoch: *On n'est pas pressé, on est retraité,* der kleine Aufkleber auf dem kleinen Wohnwagen – und das Große, das er ausgelöst hat bei mir.

TAGEWERK UND NACHTRUHE

Alles Geschaffene ist einem sinnvollen Wechsel unterstellt und einem weisen Rhythmus zugeordnet. Das gilt im Großen wie im Kleinen. Die Natur fügt sich dem Ablauf von Frühling, Sommer, Herbst und Winter. Der Bogen des Menschen spannt sich von der Kindheit über die Jugend- und Erwachsenenzeit hin bis zum Alter. Jede Jahreszeit und jede Lebenszeit hat ihre besonderen Schönheiten und Schmerzen, hat Sonne und Regen, kennt Aufblühen und Verblühen, erfährt Aufbruch und Abbruch, Freude und Leid.

Gemeinsam mit der übrigen Schöpfung ist der Mensch auch dem kurzatmigen Wechsel von Tag und Nacht, Abend und Morgen unterstellt.

Dieser rhythmische Vierklang von Tag und Nacht, Abend und Morgen ist bereits in den ersten Sätzen der Bibel angesprochen, wenn es heißt: *Und Gott nannte das Licht Tag und die Finsternis Nacht. Da ward aus Abend und Morgen der erste Tag (1. Mose 1,5).*

Dieser Vierklang-Rhythmus ist kein Zufallsprodukt, der sich einfach so ergab. Er ist aber auch keine zeitliche Programmierung mit der Stoppuhr, die den Menschen und die übrige Kreatur im Sechsstundentakt laufen läßt. Diesem Vierklang begegnen wir im Ablauf der biblischen Texte immer wieder. Oftmals ist er auch auf einen Zweierschritt vereinfacht, wenn von Tag und Nacht oder dann von Abend und Morgen die Rede ist.

Der Akzent beim Zweierwechsel liegt sicherlich bei den Worten Tag und Nacht. Mit Abend und Morgen sind dann die Übergänge gekennzeichnet. Denn der Tag wie auch die Nacht beginnen und enden nicht abrupt, sondern sie fließen ineinander. Diese ›Einflußstellen‹ sind der Morgen und der Abend.

Unsere deutsche Sprache hat für die vier Tageszeiten noch verschiedene andere Bezeichnungen bereit, die feine Nuancen signalisieren.

Wir sprechen vom Morgengrauen und der Morgenröte, von der Morgen- und Abenddämmerung. Die Mitternacht verweist auf den tiefsten Punkt der Nacht, und wenn die Sonne im Zenit des Tages steht, ist auch der Höhepunkt des Tages erreicht.

In der Liturgie des Mittagsgebetes (um 12.00 Uhr) beten wir: *Auf der Höhe des Tages halten wir inne...*

Damit rühren wir übrigens an eine weitere Ein- und Aufteilung des 24-Stunden-Tages, die uns von den Vätern der frühen Kirche, besonders für das klösterliche Leben, gegeben wurde. Alle drei Stunden, also zu Beginn und Ende der Tagesabschnitte (Morgen-Mittag-Abend-Nacht) und in der Mitte der Zeiten fand man sich zum gemeinsamen Gebet, um damit zu dokumentieren: *Der Ablauf unsres Lebenstages ist von Gott bestimmt und soll ihm geweiht sein.*

Dieser Rhythmus schrumpfte nach und nach zusammen. Doch noch heute – und heute wieder neu – werden in christlichen Gemeinschaften und Kommunitäten die Tageszeitgebete gehalten.

Einige ihrer lateinischen Namen sind uns aus der

Kirchensprache her noch vertraut: Laudes – Vesper – Komplet – Virgil.

Letztlich ist auf diese strenge Einteilung der Tageszeiten in geistliche Akzente die Praxis zurückzuführen, die viele Christen pflegen, am Morgen *Stille Zeit* zu halten und den Tag mit einer Lesung und einem Gebet zu beenden. Ja, letztlich knüpfen alle diese Praktiken an das an, was uns von Menschen der Bibel an ›geistlicher Tageseinteilung‹ vorgelebt und überliefert ist.

Doch zurück zu dem, was wir als rhythmischen Vierklang bezeichnet haben: Tag und Nacht, Morgen und Abend.

Diese Einteilung ist ein göttliches Handeln. Er hat es so angeordnet, nicht weil er damit für sich Ordnung in seinen ›Weltenhaushalt‹ bringen wollte, obwohl er nicht ein Gott der Unordnung ist (1. Kor. 14, 33). Er hat uns Menschen den Tagesablauf so verordnet, uns in diesen Rhythmus eingeordnet, damit wir besser unser Leben in Ordnung halten können. Es ist ein göttliches Geschenk, das wir leider zu wenig als das werten und annehmen.

Wir könnten auch – um ein anderes Bild zu brauchen – sagen: diese Tageseinteilung ist wie die Leitplanken an der Straße. Diese wollen nicht einengen, sondern schützen; nicht durch Vorschriften bevormunden, sondern durch klare Signale Ordnung in den Straßenverkehr bringen.

So hat der Tag seinen besonderen Auftrag, und auch die Nacht hat ihre Bestimmung. Sie haben ihre Funktion für das Leben des Menschen, indem sie ihm den sinnvollen Wechsel von Arbeit und Ruhe, von Tun und Lassen, von Wachen und Schlafen ermöglichen. Nicht nur Arbeit ist das Leben, aber man soll freilich auch nicht sein Leben verschlafen.

Wiederum hat unsere Sprache zwei Wortpaare geschaffen, die den Wechsel von Tag und Nacht mit ihrem spezifischen Auftrag beschreiben. Es sind die Wortpaare Tagewerk und Nachtruhe.

Beide haben ihren Sinn und ihre Erfüllung in der gegenseitigen Ergänzung. So wenig der Tag mehr Wert besitzt als die Nacht, so wenig ist das Werken wichtiger als das Ruhen.

Tagewerk und Nachtruhe sind wie die zwei Schalen einer Waage. Zieht die eine Schale durch ihr übergroßes Gewicht nach unten, muß in der anderen Schale das Gegengewicht verstärkt werden.

Nun kann man weder den Tag noch die Nacht verlängern. Das Gleichgewicht kann nur erreicht werden, wenn wir dem Tag und der Nacht, der Arbeit und dem Ruhen das vom Schöpfer gewiesene Gewicht zumessen.

Es ist von Gott in unsere Verantwortung gegeben, recht zu gewichten. Niemand macht ungestraft die Nacht zum Tag, den Raum der Ruhe zur Werkstatt. Hier ist nicht von den Ausnahmen die Rede, die je und dann einmal eintreten können.

Dabei ist der gesunde Wechsel von Tagewerk und Nachtruhe nicht zuerst eine Angelegenheit der Uhr, nicht eine Frage des Stundenschlags, sondern des

16

Herzschlags. Gemeint ist der Herzschlag der Liebe und des Gehorsams gegenüber dem Schöpfer.

Wie zeigt sich doch auch darin die Liebe des himmlischen Vaters, daß er uns die Zeit der Ruhe einräumt und gönnt, und daß er uns nach der Ruhe der Nacht wieder Kraft und Freude zum Tagewerk schenkt.

Nun ist ja mit Tagewerk und Nachtruhe weit mehr eingeschlossen als nur die Zeit der Arbeit, die wir als Existenzsicherung verrichten, und die Zeit des Schlafens, in der der Körper neue Kräfte sammelt.

Zum Tagewerk gehört nicht nur, was sein *muß*, sondern auch das, was sein *darf*. Ebenso wie auch zur Nachtruhe nicht nur das gehört, was sein *muß* (Regeneration des Körpers durch den Schlaf), sondern auch das, was sein *darf* (Muße und Erholung, Freizeitgestaltung und Spiel).

Hier käme wohl das zum Tragen, was der Abend in seiner Übergangsfunktion vom Tag zur Nacht ausmacht. Wir haben dafür das wunderschöne Wort ›Feierabend‹. Es ist also der Abend, dem ganz bewußt als Bindeglied von Tag und Nacht die Rolle zufällt, dem Feiern und Freuen, dem Ungezwungenen und Aufgelockerten einen Platz zu bieten. Es beinhaltet das freudvolle Feiern über ein gelungenes Tagewerk oder – wo das Tagewerk Mühe und Schweiß war – das Abstandnehmen-Können und sich dem zuwenden können, was das Gemüt erhellt und die Strapazen des Tages vergessen läßt. Der Feierabend läßt das Tagewerk ausklingen und läutet die Ruhe der Nacht ein. Daß weithin unser

Abend diesen Ton verloren hat, hat ihm auch den Glanz des Feierns gestohlen. Wir selbst sind die Diebe.

Feierabend, den Abend feiern, das ist nicht wiederum ein Vollmaß an Arbeit und Einsatz; das ist nicht die Durchführung einer aufwendigen Party, die uns nach Mitternacht erschöpft ins Bett sinken läßt; das ist nicht ›Aufbau einer eigenen Unterhaltungsindustrie‹.

Ab und zu darf auch das Besondere, das Aufwendige den Feierabend ausmachen. Aber im Normalfall ist Feierabend das Schlichte, Einfache. Es ist weniger ein Tun als ein Sein.

Einmal hörte ich im Radio ein Interview mit einem Senn, der von Frühling bis Herbst auf der Alp wohnt, das Vieh betreut, Kühe melkt, die Milch zu Käse verarbeitet. Aus unserer Sicht ist dies vielleicht eine romantische Aufgabe. Aber es ist eine anspruchsvolle Tätigkeit, die bereits im Morgengrauen beginnt und den Tag ausfüllt.

Als der Reporter ihn fragte, was er denn am Feierabend mache, kam spontan und genügsam die Antwort: »Ich sitze auf der Bank vor der Hütte und schaue zehn Minuten lang die Welt an!« –

Feierabend! – Zehn Minuten die Welt anschauen!

Eine kleine Welt ohne Fernseher. Und doch eine weite Welt. Die mächtige Bergwelt mit ihren Gipfeln und Felswänden, ihren Tälern und Klüften.

Das war für diesen einfachen, naturverbundenen Senn Feierabend. Für die meisten von uns kann Feierabend so nicht aussehen. Das Entscheidende in der Aussage dieses Senn' war für mich aber das Wörtlein

›anschauen‹. Er schaute sich die Berge an – Abend für Abend. Dieses Bild war für ihn so anschaulich, daß es sich bereits eingeprägt hatte. Hätte er während des Kühemelkens die Augen geschlossen, er hätte dieses Bild gesehen. Dieses abendliche, ich möchte fast sagen feierabendliche Schauen führte ihn zur Beschaulichkeit. Beschaulichkeit ist das innere Sehen der Sinne. Es ist das Abtasten der Erlebnisse, der Eindrücke des Tages durch die Seele. Es ist das Bewegen im Herzen.

Unsere Erlebniswelt mag meilenweit von der dieses Alpsenn' entfernt sein. Wenn unser Feierabend wieder das Moment der Beschaulichkeit erhält, sind wir diesem Einsamen der Berge sehr nahe.

Diese feierabendliche Beschaulichkeit, die für jeden sehr unterschiedlich aussehen mag, könnte ganz neu zu dem werden, was der Abend, der Feierabend, sein will und soll: Übergang vom Tag zur Nacht.

Daß dieser Übergang auch eine reinigende und heilende Funktion haben kann, wird dem klar, der diese Beschaulichkeit nicht nur als innerseelische Angelegenheit betrachtet, sondern als Besinnung vor Gott erlebt.

Da dürfen belastende Erlebnisse des Tagewerkes, erfahrene oder begangene Schuld vor Gott gebracht werden. Sie müssen nicht als beschwerende Last in die Nacht und die Welt der Träume mitgenommen werden.

So wird auch die Nacht zu dem, was sie uns sein und bringen möchte: Nachtruhe!

Ähnliches darf ja auch – unter anderen Vorzeichen –

vom Übergang der Nacht zum Tag, also vom Morgen, gesagt werden.

Die Erlebnisse der Nacht, die wir wachend oder schlafend und träumend gehabt haben, dürfen in Augenblicken der stillen Besinnung und Beschaulichkeit in Gottes Hände gelegt werden, so daß aus Morgengrauen die Morgenröte anbricht.

So wird aus Abend und Morgen ein neuer Tag; ein neuer Tag, der sich anschließt an den vergangenen, der sich einreiht in die Zahl unserer Tage, die noch kommen werden.

REIF FÜR EINE INSEL

Auf einem Aktenkoffer sticht mir leuchtend-freundlich ein Aufkleber in die Augen: »Reif für eine Insel«. Ja, durchzuckt es mich, eine Insel, das wär's! Reif dazu wäre ich.

Eine Insel ist der Inbegriff aller Sehnsucht nach Stille, Ausspannen, Wasser und Sonne, weg von allen Erwartungen und Ansprüchen anderer an mein Leben. Dort könnte ich einfach sein, ich selber sein. Nur leider, ich habe ja jetzt keine Ferien. Also bleibe ich »im Lande und nähre mich redlich«.

Dennoch verfolgt mich der Inselgedanke. Warum suche ich die Inseln so weit fort in der Karibik und in Griechenland? Warum schaffe ich mir nicht selber eine Insel, daheim, da wo ich lebe, liebe und leide?

Aber wie würde das aussehen?

Eine Insel ist ein eingegrenzter Flecken Land, umgeben von brausendem Wasser. Könnte ich mir nicht Inseln schaffen inmitten des Alltagsgetriebes? Eine eingegrenzte Zeitspanne, die ich mir ausspare, um zur Ruhe zu kommen, zur Mitte zu finden, um ›hinüberzuwandern in das Herz Gottes‹?

Eigentlich habe ich diese Inseln. Ich lebe in einem ›Haus der Stille‹. Die Gebetszeiten sind solche Inseln, die mir zur Heimat wurden. Oder die Spaziergänge mit meinem Mann, die nächtlichen Wachstunden, die mich zum Gedankenspinnen anregen und mir die Erlebnisse verarbeiten helfen. Auch das Tagebuchschreiben hat für mich Inselfunktion. Ja wirklich, eine ganze Inselwelt tut sich mir auf: Ich bin sehr reich beschenkt von Gott, und eigentlich müßte...

Doch halt: das Wort ›müßte‹ ist kein Inselwort. Inselmenschen leben nicht unter der ›Müßte- und Sollte-Diktatur‹. Sie werden einfältiger, schlichter und tun, was sie in der Stille als Auftrag gehört und empfangen haben. Sie leben aus der Kraft, die ihnen aus dem Ruhen in der Mitte zugeflossen ist. Sie geben weiter, was ihnen durch Gottes Liebe geschenkt wurde. Sie hatten ihr Ohr am Herzen Gottes, an seinem Wort, und sind in Einklang mit dem Willen des Vaters. Ein Klang – das führt zur Harmonie.

Ach, ich seufze. Ist das noch realistisch? Bin ich ins Träumen und Schwelgen gekommen über den Chancen der Inseln? Was ist Wunsch, was Wirklichkeit?

Je mehr ich darüber nachsinne, desto deutlicher wird mir, daß beides bleibt: wirkliche Erfahrung und erwartungsvoller Wunsch. Ich suche und erlebe die Insel, ohne sie je zu besitzen. Das hält mich in Bewegung, im Rhythmus zwischen Inselerfahrung und Alltagsforderung, zwischen Sammlung und Sendung, zwischen Beten und Arbeiten, zwischen Aussetzen und Einsetzen. Es erhält mich am Leben.

Bei Charles de Foucauld las ich:

Unser Herz braucht diese Stille, diese Sammlung, in deren Mitte Gott sein Reich aufrichtet und wo der vertraute Umgang mit Gott Gestalt annimmt. Genau in dem Maß, wie das Gespräch des Herzens Gestalt gewonnen hat, wird später das Leben Frucht tragen. Wenn dieses innerliche Leben gleich Null ist, dann helfen kein Eifer, keine guten Absichten, kein noch so großes Maß an Arbeit. Dann sind die Früchte gleich Null. Dann möchte man den anderen Heiligkeit bringen und kann es nicht, weil man selbst keine besitzt. Man kann nur geben, was man besitzt.

Ich will für meine Inseln Sorge tragen, daß der Zugang offen bleibt zum Rückzug, daß durch meine Aktivitäten der Hintergrund der Stille schimmern kann.

Vreni Theobald

Die vergeudeten Meter

Wir stehen im Dom von Florenz. Der Ort tut nichts zur Sache. Es könnte auch der Petersdom in Rom oder der Kölner Dom sein.

Wir bestaunen die Fresken und Gemälde, die Schnitzereien an Bänken, Beichtstühlen und Kanzel, die Pracht und den Reichtum der Seitenaltäre. Wir beobachten das Flackern der vielen Kerzen. Manches davon ist uns innerlich fremd, auch wenn es uns von vielen Besichtigungen und Begegnungen her wohlbekannt ist. Wir respektieren, was anderen Menschen heilig ist, und beten im Herzen, daß die vielen Menschen, die tagaus-tagein diesen Dom besichtigen, irgendwann und irgendwie durch das sichtbar Schöne durchdringen und den ›Heiligen in seiner Schöne‹, den lebendigen Gott, erkennen.

Wir unterhalten uns darüber, daß die Baumeister und Architekten, die Maler, Steinhauer und Holzschnitzer doch wohl kaum nur aus beruflicher Selbstverwirklichung und materiellem Gewinn heraus solche Pracht geschaffen haben. Mußte es für sie nicht auch Gottesdienst gewesen sein?

Nun stehen wir genau im Kreuzpunkt des Domes unter der mächtigen Kuppel. Alle Schätzungen über die Höhe scheitern an der Möglichkeit, den Maßstab unserer Vorstellung anzulegen. Der Reiseführer kommt uns zur Hilfe und nennt uns die Höhe: 90 Meter! Wieder blicken wir nach oben, schauen in die Länge und Breite des Domes.

Selbstverständlich ist uns bekannt, daß es architektonische Gesetzmäßigkeiten gibt, nach denen die Höhe eines Raumes von seiner Grundfläche abhängig ist. Doch selbst als Laien wird uns klar, daß bei der Höhenberechnung des Domes und seiner Kuppel zum notwendigen Maß noch eine beachtliche Anzahl an Metern einfach hinzugetan wurden.

Vergleichbare ›weltliche‹ Räume dieses Ausmaßes sind jedenfalls viel niedriger.

Und nun rätseln wir daran herum, warum Dome so viel höher sind als notwendig. Wir haben keinen Fachmann konsultiert. Die Erkenntnis, die uns geworden ist, ist völlig subjektiv. Aber sie hat für uns eine Realität angenommen, die an Überzeugungskraft nichts zu wünschen übrig läßt: *Diese ungenutzte, ja vergeudete Höhe des Domes ist nötig, um anzudeuten, daß der Gott, den »aller Himmel Himmel nicht fassen kann«, in diesem Dom wohnen will.* Er will sich hier, wie in jedem Gotteshaus, herabneigen und das schwache Lob annehmen, das hier aus gläubigen Herzen erklingt.
Wer in seiner Beziehung zu Gott nur die menschlichen Maßstäbe anlegt, baut zu niedrig. Es fehlt die Höhe, die für das Lob und die Anbetung Gottes nötig ist.

In der Beziehung zu Gott sind Zweckbauten zu wenig. Es braucht das Mehr der Verschwendung, es braucht die unnütze Höhe, damit die ganze Weite, Tiefe und Höhe dessen in uns Wohnung nehmen kann, der *höher ist als alle unsere Vernunft.*

VACARE DEO

Jedermann findet es heute selbstverständlich, daß er im Jahresablauf seinen Urlaub hat. Ein Jahr ohne Ferien – wer steht das heute kräftemäßig noch durch? Dabei ist es noch nicht so lange her, seit das Recht auf Urlaub ein gewerkschaftlich verbrieftes Recht jedes Arbeitnehmers ist.

Unsere Vorfahren hatten im besten Fall regelmäßig den arbeitsfreien Sonntag als Ruhetag. Das waren ihre Ferien, ihr Urlaub.

Viel älter als die geregelte Praxis des Urlaubs ist das Wort selbst.

Aus dem Alt- und Mittelhochdeutschen kommend, hat Urlaub die Bedeutung von erlauben, Erlaubnis. Urlaub ist die Erlaubnis, sich zu entfernen. In einer Gesellschaft gibt der Höhergestellte oder z. B. die Dame einem niedriger Stehenden die Erlaubnis, sich zu entfernen. Daraus wurde dann in jüngerer Zeit und unter veränderten Umständen die zeitweilige Befreiung vom Dienst. Wer Urlaub hat, ist für diese Zeit von der Arbeit befreit.

Befreit zum Freimachen!

Daß sich heute viele in der Zeit des Urlaubs, des Befreitseins, in andere Abhängigkeiten begeben, ist eine andere Sache.

In der französischen Sprache heißt das Wort für Urlaub vacance, dem Wortstamm nach von dem lateinischen vacare, d. h. frei. Wir haben es in der deutschen Sprache als Lehnwort, wenn wir davon sprechen, etwas, z. B. ein Platz oder ein Amt, sei vakant. Es ist frei, nicht fest besetzt.

Die Väter der frühen Kirche haben von »vacare deo« gesprochen und meinten damit weder den Urlaub Gottes noch Urlaub von Gott, sondern sie wollten eine Haltung zum Ausdruck bringen, die wir mit frei für Gott oder leer vor Gott bezeichnen könnten.

Es ist die Haltung, bei der man nicht mit seiner Arbeit, seinen Werken, seiner Leistung vor Gott steht, um zu imponieren oder etwas erreichen zu wollen.

Vacare deo – Frei für Gott!
Das Leben freihalten von dem, was daran hindert, frei für Gott zu sein, ihm zur Verfügung zu stehen. Die Tageszeit und die Lebenszeit für Gott bereitstellen. – Das kann für den einen oder anderen heißen: seine Berufspläne und seine Karriere aufgeben und ganz in einen Dienst für Gott einsteigen.

Doch hauptamtlich in der »Firma Gottes« zu arbeiten, bedeutet noch nicht automatisch: Vacare deo – frei sein für Gott.

So, wie viele in ihrem Alltag und Beruf aufgehen, daß für die Familie und das persönliche Leben keine Zeit mehr verbleibt, so kann man auch im Dienst für Gott so aufgehen, daß keine Zeit verbleibt für Gott.

Vacare deo, frei für Gott, ist nicht zuerst eine Frage des Ausmaßes meines Dienstes für Gott, sondern es ist

28

immer wieder auch die Frage, ob ich wirklich Urlaub machen kann, ob ich mir die Erlaubnis einhole, mich entfernen zu dürfen: entfernen von der Aktivität, vom Aktivismus, ganz gleich welcher Art er auch sei, und Urlaub bei Gott mache; frei sein für das, was er mir in der Stille schenken will; frei sein, um in der Sonne seiner Liebe zu baden, das Herz in die Sonne zu hängen!

Nach einem erholsamen Urlaub geht man leichter und freudiger an die Arbeit des Alltags zurück.

Vacare deo – frei für Gott.

Wer es versteht, gelernt und eingeübt hat, vacance à Dieu, Ferien bei Gott zu machen, der wird auch in einer ganz neuen Weise – leichter und freudiger – seinen Dienst für Gott wieder aufnehmen und frei sein für Gott. – Vacare deo!

SELA

Dem aufmerksamen Leser der Psalmen ist sicherlich schon an manchen Stellen das Wörtlein *Sela* begegnet. Nicht weniger als 71mal finden wir es im Psalmenbuch. Ein Blick in die Konkordanz informiert uns darüber, daß ein Sohn Judas' den Namen Sela trägt und auch im Lande Moab in der Wüste eine Stadt gleichen Namens war. Ein Zusammenhang zwischen diesen Personen- und Ortsnamen besteht aber nicht.

So steht dieses Wort Sela in den Psalmen isoliert da und ohne klare Gewißheit, was der eigentliche Sinn ist. Das Große Bibellexikon gibt gewisse Deutungsmöglichkeiten, die durchaus einleuchtend sind.

Zum einen könnte es eine *musikalische Anweisung* sein, die den Sängern oder Instrumentalisten den Hinweis vermittelt, forte oder crescendo zu singen und zu spielen, also durch Lautstärke eine Unterstreichung der Aussagen zu vollziehen.

Es könnte aber auch ein *liturgisches Zeichen* sein, das zum Erheben auffordert. Sei es, daß der Beter sich dabei erhebt, oder daß er die Hände aufhebt, oder daß er die Augen aufhebt. Letzteres würde heißen: Er wendet den Blick weg vom Text des Psalterbuches und singt oder betet den vorangegangenen Vers auswendig als Wiederholung.

Jedes Beten – sei es Lob oder Klage, Anbetung oder

Bitte – unterliegt ja der Gefahr, daß es zum Hersagen wird, wenn das Herz nicht mehr den Takt angibt, sondern die Routine dominiert. Da hat das Sela die Aufgabe des Einhaltens, des Darüber-Nachsinnens, des Noch-einmal-Wiederholens im Sinne von Psalm 103,2: *Lobe den Herrn, meine Seele, und vergiß nicht, was er dir Gutes getan hat. –*

Wiederum könnte das Sela auch die Bedeutung der *Atempause* oder/und des *musikalischen Zwischenspiels* haben.

Während Psalter und Harfe und die anderen Begleitinstrumente ein Zwischenspiel einfügen, hat der Beter eine besinnliche Atempause; Zeit, zu bedenken, was er betet. Weder das Lob noch die Klage, weder das ängstliche Harren noch das jubelnde Preisen soll ihn außer Atem bringen: Sela! Ruhe vor deinem Gott in Freud und Leid. Halte inne und überprüfe, ob dein Loben noch von Herzen kommt! – Sela!

Ob nicht das Sela wieder neu auf die für uns sinnvolle und angepaßte Weise einen Platz in unserem Leben finden müßte?

Halte ein – hebe deine Augen auf!

Halte ein – vergiß nicht Gottes Wohltaten!

Halte ein – ruhe in dem, was Gott dir gibt und ist!

AUSGEBRANNT

Ich bin völlig ausgebrannt! – Vermehrt begegne ich der Situation, daß Menschen im scheinbar ungezwungenen Gespräch oder auch in der seelsorgerlichen Beratung diesen Satz wörtlich oder zumindest dem Sinne nach aussprechen. Oftmals sind es Menschen, die in helfenden Berufen stehen, die sich in der christlichen Gemeinde stark engagieren.

Sie fordern sich, sie werden gefordert, sie überfordern sich. Die Gründe dafür sind verschieden. Sie können von außen kommen. Andere Menschen überfluten sie mit ihren Nöten und Problemen, und sie können sich nicht abgrenzen. Man hat das Gefühl, man dürfe sich dem Hilfeschrei der anderen nicht entziehen. Es kann aber auch von innen kommen. Durch meine Hilfs-Aktionen bestätige ich mir und anderen, daß ich gebraucht werde, daß ich wichtig, ja unentbehrlich bin.

Also nicht das starke Gefordertsein ist letztlich Ursache meines Ausgebranntseins, sondern eine falsche Einstellung. Ich habe mein seelisches Konto überzogen und meinen Eigenwert falsch eingeschätzt.

Hier mag ein ehrliches Überdenken der Frage helfen: Wie steht es bei mir mit der Ausgewogenheit zwischen

✳ Ist und Soll,
✳ Geben und Nehmen,
✳ Selbsthingabe und Selbstbehauptung,

✳ Arbeit und Freizeit,

✳ Anspannung und Entspannung?

Wie oft sind es hintergründige Motive, die uns zu einem Handeln und Verhalten verleiten, das wir eigentlich zutiefst gar nicht möchten. Da ist es gut, den Suchscheinwerfer des Heiligen Geistes zu nehmen und die Winkel meiner Motivkammer auszuleuchten. Warum mache ich das? Für wen opfere ich mich so auf? Weshalb gönne ich mir keine Atempause?

Es braucht viel Mut, diese Fragen anzugehen, Erkanntes zu verändern, Eingefahrenes umzupolen. Irgendwie müssen wir ja dabei immer wieder auch Menschen enttäuschen, Erwartungen zurückweisen und uns den Vorwurf der Herzlosigkeit gefallen lassen. Vor allem müssen wir uns gegen die Vorwürfe aus dem eigenen Herzen wappnen. Um neu entflammt zu werden, braucht es eine neue Füllung, eine neue Erfüllung, die durch den Geist Gottes geschieht und die uns voll in die Verantwortung für unser Verhalten und Tun mit einbezieht und davor bewahrt, daß wir in Kürze wiederum ausgebrannt sind.

In der Hingabe und im Dienst Jesu brennen: Ja – aber nicht ausbrennen!

Mit neuer Glut der Liebe wirken: Ja – aber nicht verglühen!

Gott will keine ausgebrannten Menschen als seine Werkzeuge in dieser Welt. Er will Jünger Jesu, die aus seiner Kraft leben und die mit dieser Kraft weise und haushälterisch umgehen.

Einige Hinweise, wie das geschehen kann:

✳ Immer wieder die Stille suchen,
✳ Termine mit Gott haben Priorität,
✳ Schöpferische Pausen einschalten,
✳ Im Alltag Prioritäten setzen,
✳ Nein sagen lernen,
✳ Das Wichtige vor dem Eiligen tun,
✳ Genügsamkeit einüben,
✳ Zielorientiert leben.

Übrigens: Gott liebt uns auch ohne Leistungsnachweis!

MUSSE MUSS MAN MÖGEN!

In einem christlichen Gästehaus entdeckte ich im Informationsordner, der in jedem Zimmer auflag, eine Seite mit dem Titel: *Muße muß man mögen!* Darunter befanden sich verschiedene Hinweise auf Möglichkeiten kreativer Beschäftigung sowie Heimspiele, Spiele im Freien. Ebenfalls wurde angeboten, Fahrräder auszuleihen und vieles mehr. Für ein Ferienhaus durchaus verständlich. Irgendwie erwartet man das sogar. Schließlich ist man ja in den Ferien und hat Zeit.

Muße – eine Beschäftigung für den Urlaub? Doch bereits der Begriff *Beschäftigung* im Zusammenhang mit der Muße deutet darauf hin, daß hier etwas verbogen ist. Es steckt fast unausgesprochen der Gedanke dahinter: Irgend etwas muß der Mensch schaffen. Wenn es nicht das reguläre Tagewerk – die berufliche Arbeit, die Tätigkeit in Haus und Garten – ist, dann eben eine sogenannte Freizeitbeschäftigung.

Auch das ist nicht von vornherein falsch. Es kommt vielmehr auf die innere Einstellung, auf die Motivation an. Muße ist nicht einfach Nichtstun.

Rudolf Bohren schreibt in seinem Buch »In der Tiefe der Zisterne«: *Muße braucht der Mensch; den Sabbat feiern ist das erste, was er nach seiner Erschaffung zu tun hat. Muße bedeutet »freie Zeit und Ruhe, um etwas zu tun, was den eigenen Interessen entspricht«. So der große Duden. Muße ist schöne, gewonnene Zeit. Wer aber müßig geht, verliert Zeit, er tut nichts Sinnvolles. »Müßig« hat auch die Bedeutung überflüssig, unnütz, zwecklos. Müßiggang ist unterwegs ins Leere, ... und – aller Laster Anfang.*

Damit ist bereits angedeutet, daß Muße uns auf eine Gratwanderung führt. Sie soll einerseits nicht abstürzen ins Nichtstun, aber andererseits nicht in Arbeit ausarten!

Rudolf Bohren weist mit den letzten Worten seines Zitats auf ein Sprichwort hin, das die Negativseite der falsch verstandenen Muße ausleuchtet: *Müßiggang ist aller Laster Anfang.*

Das hat mich bewogen, einmal nachzuforschen, was der Volksmund in den sogenannten Sprichwörtern zu diesem Thema zu sagen weiß. Das Ergebnis hat mich eigentlich erschreckt. Es sind kaum positive Aussagen dabei. Zum Wort Muße fand ich nur ein Sprichwort, und selbst das ist nicht sehr erbauend. *In Eile gefreit, in Muße gereut.* Hier wird Muße der Eile gegenübergestellt.

Daß Muße als ein positiver Ausgleich gegenüber der anstrengenden Arbeit des Alltags gesehen wird, ist dem Volksmund offenbar fremd.

Das Adjektiv müßig findet sich bereits öfter in den Sprichwörtern. Da heißt es z. B.: *Müßig sein bringt nichts ein. – Wer die Schuhe vertritt, geht nicht müßig. – Wer ein Weib nimmt, der darf nicht müßig sein. – Müßige Leute haben am meisten zu tun.* Hier wird darauf angespielt, daß müßige, träge Leute oft sehr geschäftig tun.

Ganz massiv trägt der Volksmund auf, wenn er sagt: *Einen Müßigen mietet der Teufel.*

Am meisten wissen die Sprichwörter etwas zum Thema ›Müßiggang‹: *Arbeit ernährt, Müßiggang verzehrt. – Arbeit hat Gulden, Müßiggang macht Schulden. – Hoher Rang kommt nicht vom Müßiggang. – Müßiggang bringt Untergang. – Müßiggang ist aller Laster Anfang. – Müßiggang lehrt nichts Gutes. –*

Wir möchten die Weisheit, die in Sprichwörtern zum Ausdruck gebracht wird, nicht gering achten. Dahinter steckt Lebenserfahrung. Doch Lebenserfahrung wird geprägt und gemacht von Menschen, die für sich und oftmals auch für andere eine klare Wertvorstellung haben.

Sind es ethische, ideelle, geistliche oder materielle Werte, die ich zum Maßstab mache für mein Leben? Je nachdem sieht meine Lebensphilosophie aus.

Es wäre gewiß sinnvoll, einmal darüber nachzudenken, wie die Abwehr des Müßiggangs dazu geführt hat, auch die Muße abzuwerten oder sie in den Windschatten des Nicht-Relevanten zu stellen.

Hängt es auch damit zusammen, daß wir im deutschsprachigen Raum eine Rasse von Schaffern, von Häuslebauern, sind? Hat es damit zu tun, daß ein Volk von Dichtern und Denkern, von Künstlern aller Art und Gattungen diese Werte und Gaben nicht mehr im Geiste kreativer Muße betätigt, sondern im materialistischen Sinne des Leistens und Erwerbens und damit des Davon-existieren-Wollens?

Eine eindeutige Antwort – so oder so – würde nur zu einem Spiel des Einander-Ausspielens führen.

Ginge es nicht vielmehr darum, wieder neu die Werte und Kräfte zu entdecken, die im sinnvollen – auch gottgewollten – Wechsel von Arbeit und Ruhe, von Schaffen und Muße enthalten sind?

Es kommt auf unsere Einstellung, auf unsere Motivation an. Muße muß man mögen, so wie man auch ein tatkräftiges, anstrengendes Tagewerk mit seinem Schweiß und seinen Freuden mögen muß.

KLAGELIED EINES KRANKENBETTES

Soweit mein Erinnern die Vergangenheit
durchforscht –
immer war es meine Aufgabe gewesen,
Kranke aufzunehmen,
Wärme auszustrahlen,
Geborgenheit zu vermitteln.
Und ich habe dies gerne getan,
wenn auch nur selten Dank und Anerkennung
mich erreicht haben.
Wie manche Nacht habe ich Schlaflose
wachend begleitet,
den rasenden Schmerz des Kranken
mit dem weichen Flaum des Federbettes
liebevoll bedeckt und gedämpft.
Dem vom Fieber Geschüttelten
habe ich selbstlos die Schweißperlen abgewischt
und die Gerüche von Schweiß und Ausdünstung
in mich aufgesogen – den Ekel überwindend.

Was ich dafür empfing und zu hören bekam –
es waren fast immer Verwünschungen.
Sie seien ans Bett gefesselt,
hörte ich Kranke zu Besuchern sagen.
Wenn sie nur bald dieses Bett verlassen könnten.
Als ob ich sie daran hindern würde!

Nein, es ist nicht ein persönliches Beleidigtsein,
wenn diese Worte der Klage
nun über meine Lippen kommen.
Ich klage nicht um meinetwillen,
ich klage um ihretwillen.

Warum erkennen nur so wenige,
denen ich für Tage oder Wochen
meine Dienste zur Verfügung stelle,
daß ihre Krankheits- und Leidenszeit
nicht nur Unbill und Schmerz,
nicht nur Hemmnis und Schwäche bringt,
nicht nur verlorene Zeit ist,
sondern auch eine Reife- und Ruhezeit,
eine Zeit der Besinnung und Neuorientierung,
eine Zeit des Herausgenommenseins
aus Unrast und Streß,
aus Hetze und Überforderung,
aus Aktivität und Zerstreuung?

Wer als Genesener mich nur als
Krankenbett zurückläßt,
ist nicht wirklich genesen.
Genesen ist nur, wer bei mir auch
zur Besinnung gefunden hat.

Die Predigt vom Weinberg, dem Olivenhain und der Macchia

Das Sehenswerte liegt selten direkt an der Hauptstraße! Wir haben deshalb die Superstrada verlassen, die von Florenz nach Siena führt, und folgen den Schildern, die uns zu dem alten Bergstädtchen San Gimignano weisen.

Die Beschreibung im Reiseführer läßt allerdings San Gimignano nicht zum abgelegenen, einsamen Ort werden. Wir lesen: »Mit Recht gehört San Gimignano zu den beliebtesten Zielen Mittelitaliens. Die ›Stadt der schönen Türme‹ ist nicht nur wegen dieser Türme einzigartig; sie bietet wie kein anderer Ort das Bild einer toskanischen Stadt des 13. und 14. Jahrhunderts. Die sie umgebende Landschaft entspricht allen Erwartungen der Toscana-Reisenden: sanft gewellte Hügelketten, das Silbergrau der Ölbäume, Zypressenreihen und Gehöfte, Weinberge, zart verschwimmende Farben.«

Der Verfasser des Reiseführers nimmt den Mund nicht zu voll. Es ist wirklich ein reizendes altes Städtchen. Die vielen Touristen muß man sich halt wegdenken; dabei vergessen wir nicht, daß auch wir zu ihnen gehören.

Trotz all dem Sehenswerten zieht es uns in »die sie umgebende Landschaft«. Schmale Fahrsträßchen – naturbelassen – durchziehen das hügelige Land. Dann sind es wiederum nur schmale Trampelpfade durch Wiesen, Wald und die Macchia – nicht als eigentliche

Wanderwege angelegt, sondern von den Einheimischen ausgetreten, um die Umwege der Fahrstraßen abzukürzen.

Eine merkwürdige Faszination geht von dieser Landschaft aus. Sind es die knorrigen Weinstöcke in den steinigroten Feldern? Sind es die ebenso knorrigen Olivenbäume mit ihren silbergrauen Blättern? Oder ist es gar die Macchia, dieses immergrüne niedrige Gebüsch, das den besonderen Charakter der südlichen Länder prägt?

Es ist alles zusammen! Die Gegensätze, die zu einer unzertrennlichen Einheit werden. Im Kontrast mit dem so Andersartigen vereinigen sich Natur und Kultur zu dem, was das Auge als vollkommene Harmonie empfindet. Das Unkultivierte – das Gebüsch und Gestrüpp –, das man oberflächlich als unnützen Wildwuchs der Natur abtun könnte, zeugt mit seinen Farben, Formen und Düften von einer weisen Anordnung durch die Hand des Schöpfers.

Das Kultivierte dagegen, das von Menschenhand gepflanzt und gehegt in Reih und Glied die Felder überzieht, ist trotzdem nicht störender Kontrast. In jedem von menschlicher Hand sorgsam gepflanzten Weinstock oder Olivenbaum kommt eine Fülle einmaliger Originalität und Vielfalt der Gestalt zum Ausdruck. Erst auf dem Hintergrund der struppigen Macchia erstrahlt die Schönheit der wohlgeordneten Weinberge und Olivenhaine; und umgekehrt geben diese der Macchia die notwendigen Grenzen, ihre struppige Wildheit nicht ausufern zu lassen.

Dieses sich ergänzende Miteinander von Kultur und Natur – von Genutztem und Ungenutztem, von dem, was durch emsiges Bearbeiten einen rentablen Erfolg sichert, und dem, was durch Nichtbearbeiten und Sich-selbst-Überlassen ohne Wert für eine Erfolgsrechnung ist –, beides ist nicht nur für den Kreislauf der Natur wichtig. Es weist auf einen Vorgang hin, der auch für unser persönliches Leben von Bedeutung ist.

Unsere Arbeit und unser Wirken, alles Schaffen und Tun, alles Bebauen und Pflegen entfaltet seine wohltuende Schönheit erst und nur auf dem Hintergrund des scheinbar unproduktiven und wertlosen Nichtstun, dem Ruhen und Ruhenlassen, dem Einfach-wachsen-Lassen. *Alles hat seine Zeit,* sagt der alttestamentliche Prediger.

Es ist die Predigt vom Weinberg, dem Olivenhain – und der Macchia, dem Genutzten und Ungenutzten.

BRACHLAND

Furchen werfend durchzieht der Pflug das Land.
Der Frost des Winters hat das Feld freigegeben.
Kantige Stollen atmen Märzsonne.
Es ist Saatzeit!
Was jetzt gesät wird,
soll im Sommer Ernte werden.
Was jetzt gesät wird,
war im letzten Sommer Frucht.

Rhythmus der Gezeiten:
Saat und Ernte,
Sommer und Winter,
Hitze und Kälte.

—

Der Winter rollt sein weißes Kleid zusammen.
Die grünen Spitzen der Wintersaat
recken befreit ihre Hälse.
Nach Ruhezeit
ist Wachstum gefragt.
Aufbruch in die Reife!
Zeit verdichtet sich zur Reifezeit.
Wenn sengende Sommerhitze
sich ausbreitet,
ist ihre Zeit zu Ende.

Und wieder durchfurcht der Pflug das Land.
Ernte ist eingebracht.
Doch die Boten des Winters
sind noch weit entfernt.
Es ist Brachzeit,
Ruhezeit.
Nicht nur die Saat ruht neuem
Wachstum entgegen –
auch das Land braucht seine Ruhe.

–

Brachland ist nicht ungenutztes Land.
Ungenutztes Land kann umgebrochen werden,
kann zu Brachland werden.

Brachland aber ist bereites Land:
bereit zu Saat und Ernte.

–

Saatzeit und Erntezeit,
Brachzeit und Ruhezeit:
Zeiten des Lebens.

Ohne Umbruch keine Ernte,
ohne Wachsen kein Reifen,
ohne Brachzeit keine Frucht.

DIE HECKE

Ich habe einen Freund, der ein passionierter Natur-
freund ist. Alles Lebende interessiert ihn. Der kleinste
Käfer, die unscheinbarste Raupe – was da kreucht und
fleucht, findet von vornherein seine Beachtung. Und so
hat er sich als Laie im Laufe der Jahre eine profunde
Kenntnis auf dem Gebiet der heimischen Tier- und
Pflanzenwelt erworben. Daß er dem örtlichen Natur-
freundeverein angehört, ist für ihn geradezu eine
Selbstverständlichkeit. Aus christlicher Überzeugung
und Verantwortung für die Schöpfung Gottes bemüht
er sich auch um den Schutz der Natur – der Tier- und
Pflanzenwelt. Die Liste der bedrohten oder aussterben-
den Tier- und Pflanzenarten ist ihm wohlbekannt. Wie
ein Kind kann er sich freuen, wenn es ihm gelingt, eine
verschwundene Pflanze wieder anzusiedeln und hei-
misch zu machen.

Auch ich habe Freude an der Natur, obwohl mir das
umfassende Wissen über die Vorgänge in der Natur und
ihre Zusammenhänge fehlt. Einiges konnte von seinem
begeisterten Erzählen bei mir haften bleiben.

So ist mir z. B. klargeworden, daß bedrohte oder aus-
sterbende Pflanzen- oder Tierarten in den selteneren
Fällen durch bösartiges, zerstörerisches Handeln der
Menschen in Gefahr sind. Es geschieht mehr indirekt.
Da kann durch mangelnde Kenntnis der Zusammen-
hänge, durch wirtschaftliche Überlegungen, durch ra-

tionalisierte Arbeitsweisen die Natur in Gefahr geraten, ohne daß der Mensch dies aktiv will.

Durch das Düngen der Wiesen sind viele Blumenarten verschwunden, die uns aus Kindheitstagen noch bekannt sein mögen, die aber einen Magerboden als Existenzgrundlage brauchen; Vogel- und Insektenarten sind verschwunden, weil ihr Lebensraum einer rationellen Bewirtschaftung weichen mußte. Es fehlen Glieder in der Nahrungskette, die zum Aussterben mancher Tiere und Pflanzen führten.

In meiner Kindheit wohnte ich am Stadtrand, unweit von Feld, Wald und Wiesen. Ich erinnere mich sehr gut daran, daß auf den Äckern in unregelmäßigen Abständen Hecken und Sträucher standen: Weißdorn, Hekkenrosen, Holunder, Brombeeren! Der Bauer pflügte darum herum, wohl wissend, daß es ihm mehr Arbeit und Umstände bereitete, aber auch wissend, daß sie für die Vogelwelt nötig sind. – Heute sind diese Hecken verschwunden. Großtraktoren und Mähdrescher können sich dieses Drum-herum-Fahren nicht mehr leisten.
–

Doch es hat bereits ein Umdenken eingesetzt. Unter Mithilfe von Naturfreunden vom Schlag meines Freundes werden da und dort wieder Hecken angepflanzt. Es entstehen wieder Oasen der Natur mitten in kultivierten Produktionsflächen.

Die Traktorfahrer hören das Singen der Vögel nicht. Aber am frühen Morgen, ehe der Lärm der Motoren den Tageslauf bestimmt, da singt es wieder. Das Gezwitscher der Vögel in den Hecken!

In mir taucht die Frage auf: Gibt es im geistlichen Leben auch so etwas wie Hecken? Etwas, das der Produktivität des christlichen Engagements eher im Wege steht, hinderlich erscheint, das aber für den gesunden Kreislauf geistlichen Lebens unaufgebbar und lebensnotwendig ist?

Wo sind die Hecken, in denen die Vögel Nester bauen können? Hecken, aus denen heraus Vögel ihr unnützes Gezwitscher zum Lob des Schöpfers erschallen lassen können?

Hecken, die scheinbar hinderlich sind – die aber verhindern, daß der Mensch nicht unaufhaltsam durch sein Tagewerk, durch sein Leben pflügt und nur den Nutzen im Kopf hat.

Ich möchte wieder Hecken pflanzen – in meinem Leben und im Leben anderer Menschen!

LIEBESLIED FÜR EINEN LIEGESTUHL

Faszination umgibt deine Nähe.
Dein Anblick versetzt mich in Ferienstimmung.
Meine Blicke umwerben dich
wie eine Biene den Blütenkelch einer Lilie.
In deinen Armen träume ich von Wellen,
Wind und Wolken.
Das blumige Muster deines Kleides
saugt gierig die Strahlen der Sonne ein,
um dann als wohlige Wärme
meinen Rücken zu streicheln.
Ich schließe meine Augen
und spüre deine Weichheit.
Du erlaubst mir das Nichtstun –
das Faulenzen,
das Genießen des Augenblicks –
ohne Vorwurf.
Du drängst mich nicht zur nächsten Tat.
Doch deine diskrete Zurückhaltung
weckt in mir die kreativen Kräfte:
Gedanken bewegen sich,
sie kleiden sich in Worte,
Töne verleihen ihnen Schwingen –
ein Lied ist geboren,
ein Liebeslied.

Ein Christ ist immer im Dienst!

Aus dem Album meiner Erinnerungen: Hunderte von jungen Menschen waren zusammengekommen zur alljährlichen Jugendtagung. Meine Jugendzeit zählt viele solcher Zusammenkünfte, und sie prägten mein geistliches Leben. Es waren wichtige Impulsstationen meines Glaubens, wenn auch die regelmäßigen Gottesdienste, Bibelabende und Jugendstunden in der Gemeinde den kontinuierlichen Verlauf meines inneren Lebens bestimmten.

Im Nachhinein ist mir natürlich auch bewußt geworden, daß diese Großveranstaltungen der christlichen Jugend noch andere Bedürfnisse abdeckten und – könnte man alles aufrechnen, wüßte ich nicht, was letztlich mehr wog und zog: das geistliche Angebot in Form von Ansprachen, Gebetsgemeinschaften und frohem Singen oder das Dazwischen. Unter dem Dazwischen meine ich die direkten und indirekten Begegnungen mit anderen jungen Leuten (nicht zuletzt mit solchen des anderen Geschlechts), die unkompliziert arrangierten Mahlzeiten, das Reiseerlebnis, kurz die Atmosphäre.

Und ebenso weiß ich heute, daß diese hier aufgebauten Gegensätze letztlich nicht Gegensätze sind, sondern Ergänzungen. Man sollte vielmehr von einer möglichst guten Ausgewogenheit von Geist, Seele und Leib

sprechen. Das ist ja ein durchaus biblisches Grundan-
liegen.

Aber genug der Allgemeinheiten!
An einem dieser Jugendtreffen war der Tenor der Ansprache der immer wieder akzentuierte und besonders
betonte Satz: *Ein Christ ist immer im Dienst!* Einzel-
heiten der Ansprache weiß ich nicht mehr. Aber dieser
Satz blieb bei mir hängen. Er begleitete mich durch die
Jahre meines Lebens und prägte mich auch. Denn das
stand außerhalb jeder Diskussion: Mein Leben sollte
Jesus Christus gehören, und ich wollte ihm auch dienen.

Doch diese Aussage *Ein Christ ist immer im Dienst*
bewirkte in mir eine merkwürdige Reaktion. Ich müßte
sie mit dem Finale eines Konzertes vergleichen, ähn-
lich wie das beim Großen Halleluja von Händel der Fall
ist. Die Musik strebt einem Höhepunktakkord zu, der
durch eine darauffolgende Pause zu einer Spannung
gesteigert wird, die durch die folgende Auflösung zu
einer Erlösung wird.

Als Ganzes ist die musikalische Darbietung ein
Hochgenuß. Würde man aber mit dem Höhepunktakkord – man spricht auch vom Trugschluß – abbrechen,
wäre es irgendwie qualvoll.

Dieser Satz in jener Ansprache *Ein Christ ist immer
im Dienst* wurde für mich zu dem Höhepunktakkord,
dem nicht mehr die Auflösung folgte.

Ob nur ich das so erlebt und gehört habe oder ob der
Redner das wirklich so dargestellt hat, weiß ich heute

nicht mehr. Aber in der Folgezeit hatte dieses Erlebnis seine Auswirkungen.

Ja, ich wollte ein Christ sein. Ich wollte auch im Dienste Jesu stehen. In der Vergangenheit hatte ich auch schon manches an Diensten für Jesus getan, gerne getan. Doch immer mehr und immer öfter hämmerte es in mir: *Immer im Dienst, immer im Dienst.*

Es wurde zu einer geistlichen Zwangsjacke.

Unglücklicherweise kamen in der Folgezeit noch flankierende Aussagen hinzu: *Vom Dienst für Jesus gibt es keinen Urlaub!* –

Ich spürte die Spannung, und sie wurde mir lästig. Da wurde Dienst zur Sklavenarbeit, Freiwilligkeit zum Zwang.

Geistliches Reiferwerden half mir, diesen Aussagen den richtigen Stellenwert zuzuweisen.

Das eigentliche befreiende Erlebnis hatte ich viele Jahre später, sozusagen die Auflösung der Spannung, damit der Höhepunktakkord zum wirklichen Genuß werden konnte. Längst war ich schon vollzeitlich im Dienst. Wieder war es auf einer Großveranstaltung, einer Predigerkonferenz. Es ging um den Dienst für Jesus. Wieder wurde jener Satz zitiert: *Ein Christ ist immer im Dienst.* Doch der Redner verstand es, die Schönheit und die Freiheit des Dienstes für Jesus darzustellen. Er sprach von der Müdigkeit im Dienst und von der liebevollen Einladung Jesu: *Ruhet ein wenig.* – Für Jesus dienstverpflichtet zu sein, ist kein gnadenloses Gehetze, kein Immer-auf-Achse-Sein.

Und dann sagte der Redner den vielen Zuhörern, die

ja alle ständig im Dienst standen, mehr scherzhaft und doch zutiefst befreiend: *Es kommt auf die Betonung an. Es gilt wohl: Ein Christ ist immer im Dienst, aber von Zeit zu Zeit muß ich die Betonung etwas verschieben. Dann heißt es für mich: Ein Christ ist immer im Dienst. – Es geht auch einmal ohne mich. Das Reich Gottes hängt nicht von meinem Einsatz ab. Es sind auch andere da. Ich darf auch einmal Pause machen. Deshalb ist mein Dienstverhältnis noch nicht aufgelöst.*

Wie gesagt: Das war für mich die Auflösung der Spannung. Doch ich weiß auch, daß beide Betonungen nötig sind. Das hängt fest mit unserer Art und unserem Gewordensein zusammen. Der eine hat es nötig, daß ihm das Wörtlein ein unterstrichen wird, dem anderen muß man mit dem Marker das Wort immer zum Leuchten bringen.

Eines aber muß uns allen einleuchten: Ein Dienst für Jesus, der nicht die Zäsuren der Stille, des zur Ruhe-Kommens, kennt, der nicht um Brachzeiten weiß, wird rasch glanzlos, freudlos und wird schließlich erlöschen.

Wir sind zwar immer im Dienst, aber nicht immer in Aktion!

Drei Tips aus der Stille – für die Stille

1. Laß mich in Ruhe

Mit diesen Worten, unterstrichen mit entsprechenden Gesten, mögen auch Sie schon die Forderungen anderer zum Schweigen gebracht haben. Vielleicht haben Sie das höflich-bestimmt gesagt, vielleicht aber auch erregt-zornig. Jedenfalls waren Sie überzeugt: Jetzt brauche ich meine Ruhe!

Meine Ruhe? – Oder meine Bequemlichkeit?

Meine Ruhe? – Oder meinen persönlichen Freiraum?

Meine Ruhe? – Oder die dringende Distanz zum Alltag?

Ihre Ruhe? – Jawohl, Ihre Ruhe!

Sie sollen Ihre Ruhe haben! Sie müssen Ihre Ruhe haben!

Wenn nicht jeden Tag irgendwann und irgendwie auf irgendeine Weise das in Ihrem Herzen laut wird: *Laß mich in Ruhe,* dann sollte Sie das unruhig machen!

Versuchen Sie ganz bewußt, Augenblicke der Ruhe in Ihren Tagesablauf einzubauen: Begegnungen mit Gott.

Abschalten – Hinhören – Aufsehen. Geistliche Atemübungen. Sagen Sie mit Gerhard Tersteegen: *Ich will die Welt und mich vergessen...*

Keine Angst, diese Vergeßlichkeit bleibt Ihnen nicht!

2. Nur keine falschen Absichten

Meistens steckt hinter unserem Tun eine bestimmte Absicht.

Wir wollen etwas erreichen, bezwecken.

Was ist Ihre Absicht bei der »Stillen Zeit«?

Wer nichts erwartet, empfängt auch nichts!

Absicht, das heißt: Zielendes Blicken auf etwas. Man kann natürlich auch mit falschen Absichten antreten. Gott erpressen, zwingen wollen. Handelsbeziehungen auf Gegenseitigkeit!

Von falschen Absichten ab-sehen! In absichtsloser Absicht vor Gott treten. Stille vor Gott, ohne bestimmte Erlebnisse und Gefühle zu erwarten.

Dasein vor IHM – das ist alles (Michel Quoist).

Ich nehme dankbar, was mir wird. Ich erzwinge nichts. Ich lasse mich los – auch die Angst lasse ich los, sonst könnte ich von der Stille nichts haben.

Ich bin IHM stille. Was er mir dabei gibt, ist seine Sache.

Ich gebe meine Absicht auf und bin offen für seine Absicht: sein zielendes Blicken auf mich!

Das erfüllt und übersteigt alle meine Absichten!

3. Mensch, ärgere dich nicht

Es geht hier nicht um Anweisungen für Gesellschaftsspiele, wenn auch die Einübung in die Stille oftmals einem Geduldsspiel gleicht.

Stille vor Gott ist nicht vakuumverpackt. Da kann es durchaus vorkommen, daß Fremdkörper eindringen. Gedanken kreuzen auf, die jetzt nicht erwünscht sind. Oder Gedanken schweifen ab zu Dingen hin, die wichtig für Sie sind, und die Sie nicht vergessen dürfen. Aber jetzt sollten sie nicht Mittelpunkt Ihres Nachsinnens sein.

Tip: Beginnen Sie keinen Stellungskrieg gegen aufkommende Gedanken. Versuchen Sie nicht angestrengt, sie zu vertreiben. Vor allem: Ärgern Sie sich nicht darüber, daß sie jetzt aufkreuzen.

Übrigens: Vielleicht kreuzen die verschiedenen Gedanken deshalb jetzt auf, weil Sie ihnen sonst keinen Zeitraum gewähren.

Wenn Sie sich nicht krampfhaft dagegen wehren, verlieren sie mit der Zeit ihre bedrängende Wirkung.

Halten Sie ein kleines Heft bereit, in das Sie aufkommende, wichtige Gedanken für später notieren.

Dann entspannen Sie sich wieder, atmen gelöst und wenden sich gelockert wieder dem Thema zu, das sie innerlich anschauen wollen.

IHM stille sein, heißt: Loslassen – überlassen – kommen lassen!

Zitate

»Wer ausgebrannt ist, kann keine Wärme geben.«

»Es müsse allerwärts stille werden und linde Ruhe ein-
kehren wie der Vorgeschmack der ewigen Heimatruhe!
Wenn aus dem Tal die Nebel aufsteigen und die Sterne
kommen und das Lied der Vögel verstummt, dann darf
die Seele feiern, schweigen und stille sein in ihm, der
sein Volk zu sich aus Güte ziehen will.«

Hermann Bezzel

»Die verborgenen Zeiten unseres Lebens sind der Sau-
erteig, der die Wirksamkeit des Lebens in der Öffent-
lichkeit mit Kraft durchdringt.«

Charles de Foucauld

»Sei immer zuerst Kind, und dann Knecht.«

Daniel Schäfer

»Es ist nicht nötig, wesentlich mehr zu tun, sondern
mehr Wesentliches.«

»Man kann Gott nicht allein mit Arbeit dienen, sondern
auch mit Feiern und Ruhen.«

Martin Luther

ABSTOSSEN VOM UFER

Jesus sagte zu ihnen: »Kommt, wir suchen uns einen ruhigen Platz, wo wir allein sind und ihr euch ausruhen könnt.« Denn es war ein ständiges Kommen und Gehen, so daß sie nicht einmal Zeit zum Essen hatten. Sie stiegen in ein Boot und fuhren an eine einsame Stelle.

Markus 6, 31.32

Herr,
es sind nicht die Wogen der Brandung,
nicht die Spritzer der schäumenden Gischt,
es ist nicht das schwankende Boot
noch das Toben der Elemente –
was mich zögern läßt, Deiner Einladung
zu folgen: *Geht ihr allein an eine einsame Stätte
und ruht ein wenig.*

Es ist nicht die Angst vor der Unsicherheit,
nicht das Scheuen der Gefahr.
Du kommst ja mit.
Ist es das Zittern vor dem anderen Ufer? –
Der öden Stätte? – Der Stille?

Zwar sehne ich mich nach der Stille.
Alles einmal hinter mir lassen können!
Doch die Stille suchen heißt:
Sich der Stille stellen – sich Dir stellen!
Mich mir selber stellen.

Herr,
mit Dir in die Stille zu gehen, bedingt eines:
Abstoßen vom Ufer!

Ufer – diese hauchdünne Linie zwischen
Land und Meer. Nur ein Schritt,
ein Schrittchen.
Doch manchmal ist die Grenze ein
unüberwindbarer Wall,
ein abgrundtiefer Graben.
Tausend Fesseln wollen mich halten.

Du aber bist ins Boot gestiegen
und wartest auf mich.
Wenn ich bei Dir bleiben will,
muß ich das Wagnis eingehen:
Vom Ufer abstoßen!

Abstoßen vom Ufer meiner vertrauten Erfahrungen.
Abstoßen vom Ufer dessen,
was ›man‹ als Christ macht.
Abstoßen vom Ufer lieber Gewohnheiten.
Aber auch:
Abstoßen vom Ufer einengender Zwänge.
Abstoßen vom Ufer der Resignation
und der lähmenden Gleichgültigkeit.
Abstoßen vom Ufer aussichtsloser
Selbstbespiegelung.
Abstoßen vom Ufer der so verbindlich
scheinenden Meinung anderer.

Herr,
Abstoßen vom Ufer –
ich spüre das mit innerem Zittern –
ist immer auch ein Wegstoßen.

Ich stoße das Ufer weg.
Ich stoße mich am Ufer weg.
Das Ufer stößt mich weg – uns weg!

Herr,
hattest Du das gemeint, als Du sagtest:
Wer nicht absagt allem,
der kann nicht mein Jünger sein!?
Du gingst an die öde Stätte der Verlassenheit.
Wenn Du mich nun
an die öde Stätte führen willst,
dann bist Du dort.

Ich finde Gemeinschaft,
ich finde Dich.
Die öde Stätte wird mir zur Oase.

Das Abstoßen vom Ufer führt mich
in die Stille.
Ich darf ruhen,
ausruhen,
ein wenig –
bei Dir!

HILFEN
FÜR EINEN GEISTLICHEN TAGESRHYTHMUS

Die Vielfalt der Formen, wie Christen ihr persönliches geistliches Leben gestalten und wie sie die »Stille Zeit« vor Gott pflegen, ist sehr groß. Es gibt keine Regel, wie man »Stille Zeit« hält.

Jeder muß seinen eigenen Weg und Rhythmus finden. Manche machen das in ganz freier Form, wie es sich gerade ergibt, andere halten sich an feste Formen und Liturgien.

Für die, welche sich gern an eine Liturgie halten, seien im folgenden einige Vorschläge angeführt für eine kurze Gebetszeit am Morgen, Mittag und Abend. Auch ein Vorschlag, wie man den Sonntag einläuten und beginnen kann, ist angefügt.

MORGENGEBET
(V = Vorbeter. A = Alle)

Lied	(Ein Choral, der als Wochenlied jeden Morgen gesungen werden kann.)
Anrufung	
V	*Herr, tue meine Lippen auf, daß mein Mund deinen Ruhm verkündige.*
A	Mache dich auf, Herr, uns zu erretten, Herr, uns zu helfen.

V	*Lobet den Herrn, alle Völker, Halleluja.*
	Preiset ihn, alle Länder.
A	Denn seine Gnade und Wahrheit waltet über uns von Ewigkeit zu Ewigkeit. Halleluja.

Tageslosung und Tagestext

Gebet	Wir danken dir, Gott, du unser himmlischer Vater, durch Jesus Christus, deinen Sohn, daß du uns diese Nacht vor allem Schaden und Gefahr behütet hast. Wir bitten dich, du wollest uns diesen Tag auch behüten vor Sünden und allem Übel, daß dir all unser Tun und Leben gefalle. Denn wir befehlen uns, unsern Leib und Seele und alles in deine Hände. Dein heiliger Engel sei mit uns, daß der böse Feind keine Macht an uns finde. Amen.

Freies Gebet
Unser Vater

MITTAGSGEBET

Lied	»Ich singe dein Lob in den Tag hinein, ich singe dein Lob, Gott Vater mein. Ich singe dein Lob in den Tag hinein, ich singe dein Lob, Gott Vater mein.«
V	*Auf der Höhe des Tages halten wir inne. Wir erheben Herzen und Hände zu Gott, der unsres Lebens Mitte ist.*
A	Meine Seele preist die Größe des Herrn,

	und mein Geist jubelt über Gott, meinen Retter.
V	*Denn Großes hat der Mächtige an uns getan, sein Name ist heilig.*
A	Meine Stärke ist der Herr, ihm sing' ich meinen Lobgesang, denn er ist mein Heil und mein Erretter.
V	*Ehre sei dem Vater und dem Sohne und dem Heiligen Geiste,*
A	wie es war im Anfang, jetzt und immerdar und von Ewigkeit zu Ewigkeit. Amen

Lesung des Wochenpsalms
Stille – Anbetung – Lobpreis

Segen	*Es segne uns der Dreieinige Gott – der Vater, der Sohn und der Heilige Geist. Amen*

Abendgebet

Lied	»Abend ward, bald kommt die Nacht…«
V	*Herr, unser Gott, wir kommen vor dich und bringen dir die Eindrücke dieses Tages. Laß uns innehalten und stille werden vor dir.*
A	Durchforsche mich, Gott, sieh mir ins Herz. Prüfe meine Wünsche und Gedanken. Und wenn ich in Gefahr bin, mich von dir zu entfernen, dann bring' mich zurück auf den Weg mit dir.
V	*Reinige du unsere Gedanken und Gefüh-*

le, unser *Wollen, Reden und Tun. Vergib uns, wo wir schuldig geworden sind vor dir und vor unseren Mitmenschen.*
Amen

Stille

V *So geben wir uns aufs neue dir hin.*

A Stärke uns an Leib, Seele und Geist und rüste uns aus mit deiner Kraft, damit wir den Anforderungen des Lebens genügen und den Anfechtungen des Bösen stand-halten können.

V *Wir gürten uns mit dem Gürtel der Wahr-heit.*
Wir schützen uns mit dem Panzer der Ge-rechtigkeit.
Wir ziehen an die Schuhe der Bereit-schaft, das Evangelium des Friedens in die Welt zu tragen.
Wir ergreifen den Schild des Glaubens, um alle feurigen Pfeile des Bösen abzu-fangen.
Wir setzen auf den Helm des Heils.
Wir ergreifen das Schwert des Geistes, welches das Wort Gottes ist.
(Eph.6, 10–13)
So wollen wir hören, was du sagst, und danach leben.

A Wir bitten dich, Herr, suche heim dieses Haus und weise ab von ihm alle Hinterlist des Feindes. Laß deine Engel bei uns

wohnen und uns in Frieden bewahren.
Dein Segen sei allezeit über uns, durch
Christus, deinen Sohn. Amen

SONNABEND-LITURGIE

Bei den Juden beginnt der Sabbat am Freitagabend mit Sonnenuntergang.

Unsere Väter haben das wohl mitbedacht, wenn sie dem Samstag den Namen Sonnabend gaben. Der Samstag ist der Abend der vergangenen Arbeitswoche. Nun beginnt der Feierabend. Der Sonntag – der Ruhetag – steht vor der Tür. An manchen Orten wird der Sonntag am Samstagabend eingeläutet.

Ein jüdisches Volkslied beginnt mit den Worten: »Freitag zur Nacht ist jeder Jud ein König. Das ganze Stübele lacht, und die Menschen alle sind fröhlich!«

Man sagt auch im Judentum: »Der Sabbat macht Sklaven zu Freien!«

Man wird befreit von der Arbeit, von dem Zwang, auch am Sabbat noch verdienen zu müssen, um leben zu können. Man ist frei, über den Tag zu verfügen, ohne daß ein anderer diktiert und befiehlt, was ich zu tun habe.

Wir feiern den Sonntag als Ruhetag und beginnen damit am Sonnabend. Darum schmücken wir auch unseren Abendbrottisch festlich!

Auf diesem Mahl soll die Freude und der Glanz einer vollendeten Arbeitswoche liegen!

Mit Worten aus Psalm 36 beten wir:

Herr, deine Güte reicht, so weit der Himmel ist, und deine Wahrheit, so weit die Wolken gehen. Deine Gerechtigkeit steht wie die Berge Gottes und dein Recht wie die große Tiefe. Herr, du hilfst Menschen und Tieren. Wie köstlich ist deine Güte, Gott, daß Menschenkinder unter dem Schatten deiner Flügel Zuflucht haben! Sie werden satt von den reichen Gütern deines Hauses, und du tränkst sie mit Wonne wie mit einem Strom. Denn bei dir ist die Quelle des Lebens, und in deinem Lichte sehen wir das Licht. Breite deine Güte über die, die dich kennen, und deine Gerechtigkeit über die Frommen. Amen

Lied: »Danket dem Herrn, wir danken dem Herrn...«

Sonntagmorgen-Liturgie

Wir feiern heute Sonntag, den Tag des Herrn!

Der Sonntag als erster Tag der Woche ist der Auferstehungstag unseres Herrn Jesus Christus.

Wir dürfen an diesem Tag ruhen, weil er alles für uns getan hat. – Alles, was wir an diesem Tag tun/tun müssen, dürfen wir aus der Ruhe und dem Frieden tun, den Gott uns schenkt.

Unabhängig von unserem momentanen persönlichen Befinden soll dieser Sonntag – wie jeder künftige Sonntag – in besonderer Weise die Botschaft in die Welt tragen: Jesus lebt! Jesus siegt!

Mit Worten aus Psalm 118 beten wir:

Man singt mit Freuden vom Sieg in den Hütten der Gerechten: Die Rechte des Herrn behält den Sieg! Die Rechte des Herrn ist erhöht; die Rechte des Herrn behält den Sieg! Dies ist der Tag, den der Herr macht; laßt uns freuen und fröhlich an ihm sein. O Herr, hilf! O Herr, laß wohlgelingen! Gelobt sei, der da kommt im Namen des Herrn! Wir segnen euch, die ihr vom Hause des Herrn seid. Der Herr ist Gott, der uns erleuchtet. Schmückt das Fest mit Maien bis an die Hörner des Altars! Du bist mein Gott, und ich danke dir; mein Gott, ich will dich preisen. Danket dem Herrn; denn er ist freundlich, und seine Güte währet ewiglich. Amen

Lied: »Lob, Ehr und Preis sei Gott, dem Vater und dem Sohne...«

»WER ALLE TAGE FEIERT, FRAGT NICHT NACH DEM SONNTAG«

Sprichwörter haben es so an sich, daß sie Lebensweisheiten und Alltagserfahrungen in treffender Weise zum Ausdruck bringen. Das ist bei dem erwähnten Sprichwort nicht anders.

Nun ist es natürlich so, daß kaum jemand alle Tage feiern kann. Also eine maßlose Übertreibung? Ja, aber auf dem Hintergrund der Übertreibung leuchtet die Wahrheit auf, die hier beachtet werden möchte:

Das Besondere des Sonntags kommt gerade dadurch zur Geltung, daß die übrigen Tage der Woche im wahrsten Sinne des Wortes Alltag sind, also Tage, die sich durch eine gewisse Gleichförmigkeit kaum voneinander unterscheiden. Man ist Tag für Tag mit den gleichen Aufgaben und Abläufen konfrontiert. Da hebt sich der Sonntag als Ruhe- und Festtag, als Tag des Herrn, wohltuend ab.

Nun ist aber für die meisten Menschen heute kaum *das* die Gefahr, daß sie jeden Tag zum Feiertag erheben. Es wäre geradezu wünschenswert, daß man bewußt in den grauen Alltag, in das Einerlei der Wochentage, festliche Farbe und frohe Feierstimmung hineinbringt. Die Tendenz geht vielmehr dahin, daß der Sonntag vom Alltag aufgesogen wird. Es besteht kaum noch ein Unterschied zwischen Alltag und Sonntag. Zwar beginnt für viele der Sonntag schon am Freitagabend, aber es ist nur verlängerte Freizeit. Es ist nicht mehr richtig Sonntag.

Was aber ist denn »richtig Sonntag«?

In meiner Kindheit gab es noch die Sitte, Sonntagskleider und Werktagskleider zu tragen. Sonntagskleider in der Woche anzuziehen, war höchstens zu ganz besonders festlichen und außergewöhnlichen Anlässen möglich. Umgekehrt durften wir am Sonntag auch nicht in den Werktagshosen herumlaufen – selbst wenn wir zum obligaten Waldspaziergang aufbrachen. Dieser klare Unterschied von Sonn- und Werktag hat sich mir tief eingeprägt und hat bis heute in mancher Beziehung noch Auswirkungen.

Trotzdem empfand ich die Sonntage eher als Einengung und Schmälerung des Lebensgefühls. Sie waren mit zuviel Form verbunden.

Die Überbetonung der Formen und Normen hat den eigentlichen Inhalt verdeckt. Heute schlägt das Pendel zur anderen Seite hin aus. Formen und Normen werden hinterfragt, außer Kraft gesetzt, relativiert. Wir befinden uns in einer Zeit der Nivellierung. Sonntag und Werktag haben ihre Kontraste zueinander verloren. Sie sind zu einer faden, grauen Masse geschmolzen, aus denen man gleichförmige Tage gießt.

Der Sonntag ist nicht mehr die Insel, die sich aus dem Meer des Alltags erhebt. Sie ist vielmehr überspült worden von der Flut und kommt höchstens in Zeiten der Ebbe noch für kurze Zeit ans Tageslicht.

Der Alltag ist durch das Vielerlei an Abwechslung

und Vergnügen, durch Unterhaltungsindustrie und durch die Möglichkeit, sich das Besondere ständig leisten zu können, auf ein Niveau aufgerückt, so daß das Verlangen nach Inseln abhanden kam.

In Wirklichkeit haben wir nicht den Alltag aufgewertet, sondern den Sonntag abgewertet. Wenn aber der Sonntag mit seinem Auftrag und Angebot der Einkehr, Ruhe und Rast nicht mehr seine Ausstrahlung in die Arbeitstage der Woche hat, wird der Alltag zur grauen Niederung, und das Leben wird glanzlos und leer.

Der Sonntag ist eben keine zufällige Einschiebung in den Ablauf der Wochentage, sondern er ist ein Geschenk Gottes an uns Menschen, das wir genießen sollen. Ein Liebeszeichen! Ein Angeld himmlischer Herrlichkeit.